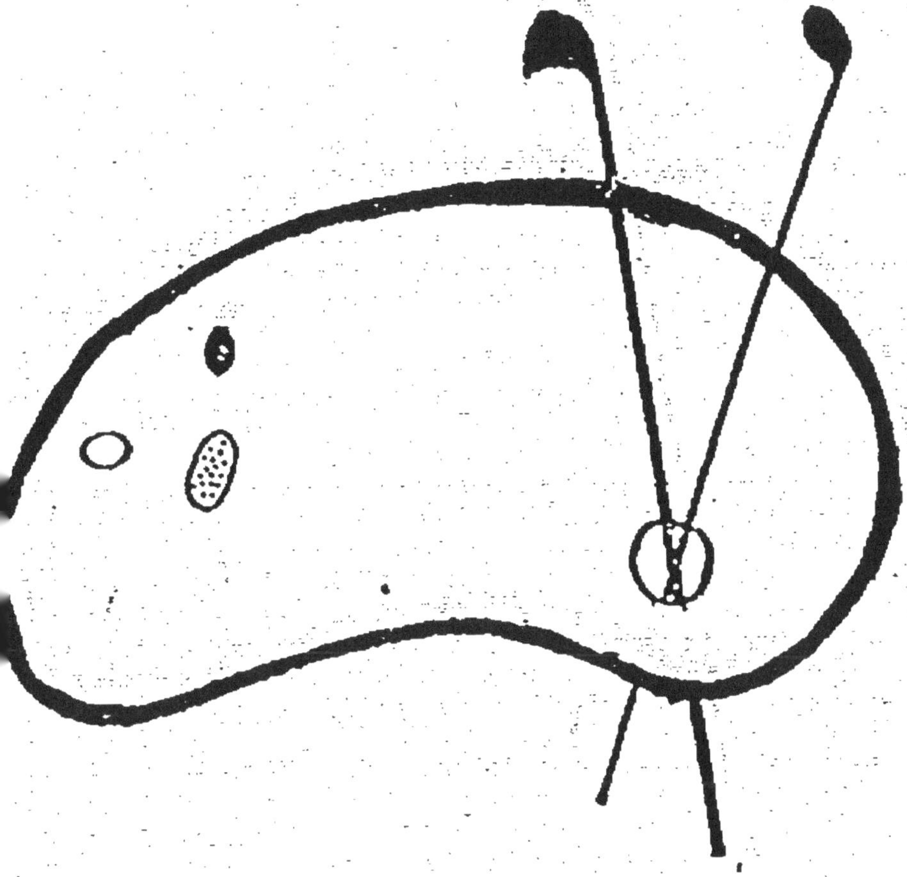

DEBUT D'UNE SERIE DE DOCUMENTS
EN COULEUR

A MES CHERS RURAUX

ÉLEVEZ BIEN VOS ENFANTS !

PAR

G. B.

NANCY

IMP. SAINT-EPVRE. — FRINGNEL ET GUYOT

3, rue du Cheval-Blanc, 3

1885

NANCY, IMPRIMERIE FRINGNEL ET GUYOT.

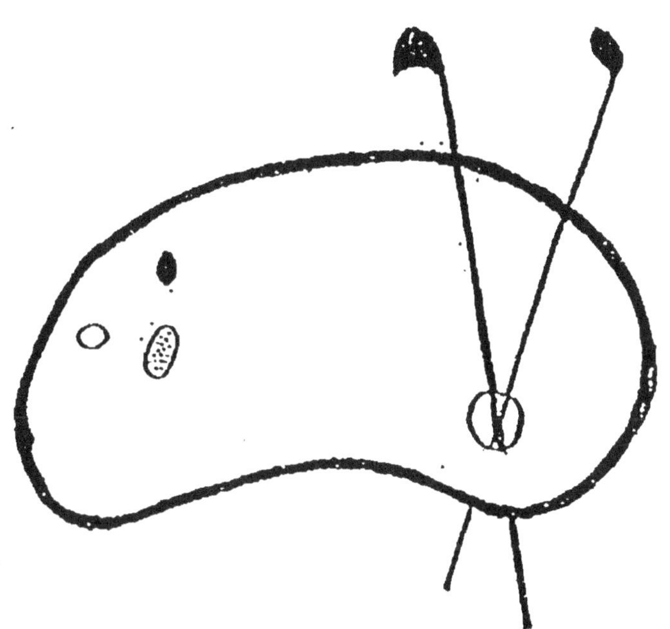

FIN D'UNE SERIE DE DOCUMENTS
EN COULEUR

ÉLEVEZ BIEN VOS ENFANTS !

A MES CHERS RURAUX

ÉLEVEZ BIEN VOS ENFANTS !

PAR

G. B.

NANCY

IMP. SAINT-EPVRE. — FRINGNEL ET GUYOT

3, rue du Cheval-Blanc, 3

—

1885

I

L'ENFANT

Je prends à son premier jour, mes chers amis, l'enfant qui vous est né, et je salue en lui la joie de vos foyers et l'espérance de l'avenir. Dieu, après l'avoir fait vôtre en vous associant à sa puissance créatrice, vous le confie comme un dépôt sacré. Il ne l'a pas donné à votre amour uniquement pour le couvrir de caresses et veiller avec sollicitude sur le développement et les accidents de sa vie physique, mais aussi, et d'abord, pour l'élever fortement dans la vertu et en faire un chrétien.

Telle n'est pas, à vrai dire, la doctrine de quelques-uns, qui le placent absolument et tout entier dans l'ordre animal. Ils enseignent que l'intelligence se pèse au poids du cerveau et que ses opérations en sont une secrétion. L'âme, substance spirituelle, ayant échappé au scalpel du vivisecteur, l'âme n'existe pas. Cette théorie est commode pour leur système, car elle supprime toute responsabilité morale.

Vous avez le bon sens de croire à une différence profonde, essentielle entre l'animal que régit l'instinct et l'enfant que vous chérissez. C'était bien votre sentiment lorsque vous l'avez porté à l'Eglise, afin que le baptême en fît un chrétien et que la rosée céleste déposât dans cette fleur à peine éclose sa fraîcheur et sa grâce.

Oui, ce front, ce sourire et cette fraîche joue,
   C'est bien l'enfant qui pleure et qui joue,
   Et qu'un esprit du ciel défend.
De ses doux traits, ravis à la sainte phalange,
   C'est bien le délicat mélange.
   Poète, j'y crois voir un ange,
   Père, j'y trouve un enfant.

(Portrait d'un enfant. Victor Hugo.)

A d'autres, donc, de croire qu'en pressant sur leur cœur le petit enfant, ils ne pressent qu'un animal plus ou moins charmant. A d'autres aussi de penser qu'il n'a qu'une âme d'emprunt, impersonnelle, destinée à opérer des mouvements indéfinis,

des migrations incessantes d'être à être
pendant la série des âges. Une famille, tout
récemment, a poussé le ridicule jusqu'à
annoncer gravement la « désincarnation »
d'un de ses membres. Elle ajoutait, en
exergue : Naître, mourir, renaître encore
et progresser sans cesse, voilà la loi ! Ne
faut-il pas être atteint, pour déraisonner
ainsi, de ce mal épidémique, spécial au
temps où nous vivons, qu'une célébrité
médicale de Paris appelait « la folie en
commun ». Système pour système, la foi
de vos pères est meilleure, plus conforme
à la dignité humaine et à votre sentiment
intime, n'aurait-elle pas, d'ailleurs, les fon-
dements les plus solides.

Cette foi ne vous trompe pas, mères
chrétiennes, lorsque vous contemplez votre
enfant, sur le front duquel se joue gracieu-
sement le rayon divin de l'innocence. « Rien,
« non, rien, disait Lacordaire, dans la re-
« ligion elle-même, n'attire vers Dieu, ne
« révèle Dieu comme la foi et la bonne foi
« de l'enfant, comme son cœur, sa voix et
« son regard ; ce cœur si innocent et si
« passionné, qui veut tout avoir parce qu'il
« se donne tout entier, et tout savoir parce

« qu'il n'a rien à cacher ; cette voix d'une
« mélodie si suave, qui parle à l'homme
« comme il faudrait toujours parler à
« Dieu. »

Toutefois, l'enfant, pur et candide, res-
semble à ces lacs, aux eaux tranquilles et
transparentes, qui récèlent dans leurs pro-
fondeurs de vraies tempêtes. Cette tempête
qui dort, toujours prête à s'éveiller et à
éclater, est la tendance au mal que le péché
originel y a laissée comme un germe de
mort. Il importe donc de la prévenir et
d'en arrêter les effets désastreux par une
éducation chrétienne.

Ses propres intérêts et les intérêts de la
société sont en jeu. Et voici pourquoi :
« Tout enfant, dit Mgr Gay, est une source !
« source morale, source sociale, source
« d'actions sans nombre qui, en le menant
« lui-même à sa fin, influeront sur le
« monde, et pourront donner gloire à Dieu ;
« source aussi d'autres êtres dont, selon la
« chair et selon l'esprit, dans la nature et
« dans la grâce, il devra être père. L'en-
« fant, c'est une famille, puis une cité, puis
« tout un peuple ! »

Il est donc l'avenir. Et cette génération,

assise aujourd'hui sur les genoux des mères, sera demain la génération debout qui nous remplacera dans la bourgade, dans la ville et dans la nation.

Et, parce qu'il est l'avenir, sa conquête est chaudement disputée. L'Eglise l'enveloppe de sa tendresse maternelle, le prépare aux luttes de la vie et lui montre par delà les horizons du temps, les espérances radieuses du ciel. D'autres s'efforcent de le lui ravir, qui disposent pour cette entreprise de ressources considérables, employées avec une singulière habileté et une noire perfidie.

Qui l'emportera ? A en juger par les apparences, il semble que les hommes de mal doivent triompher et façonner enfin l'enfant à leur guise.

Mais l'Eglise a la vie dure, l'espoir inébranlable, le dévouement d'une mère que ne rebutent point les périls, son intrépidité pour défendre ceux qu'elle a engendrés à la grâce et nourris de sa doctrine.

Dans le passé, Julien l'Apostat en fit l'expérience, et, les assauts des siècles, qui se sont suivis, n'y ont point contredit. Le cri, qu'il proféra en tombant sous la flèche du Parthe, se retrouve finalement sur les lèvres de tous ces démolisseurs sacrilèges : Tu as vaincu, Galiléen !

L'Eglise a la promesse de l'immortalité. Notre chère patrie, liée si étroitement aux destinées de l'Eglise, n'a cependant pas les mêmes promesses. La foi pourrait y sombrer sous les efforts coalisés de toutes les erreurs.

Il en serait bientôt ainsi, après quelques années d'éducation sans Dieu, si l'enfant, l'espoir de l'avenir, n'était pas prémuni et défendu contre ces tentatives.

Non, non, ces sombres appréhensions ne se réaliseront pas, parce que les familles chrétiennes n'abdiqueront rien de leurs droits et de leurs devoirs. A l'impiété, qui pense toucher au triomphe, elles opposeront l'énergie calme et indomptable de la foi. Ne s'agit-il pas, en effet, de conserver ce qu'elles aiment le plus : L'enfant dans sa beauté morale !

II

LA PREMIÈRE ÉCOLE

La première école de l'enfant. c'est la famille. Elle est le type de toutes les autres. Celles-ci n'ont été établies qu'après elle, pour être son prolongement, suppléer à ce qui lui manque et conserver son esprit.

Les instituteurs naturels, voulus par la Providence, sont le père et la mère. Personne, depuis que la religion du Christ a apporté la liberté au monde, n'avait songé à leur contester le droit d'élever leurs enfants. L'Etat n'avait à intervenir, dans le sanctuaire fermé de la famille, que pour réprimer les abus de pouvoir et porter secours à la faiblesse opprimée. Aujourd'hui qu'il s'est fait Dieu, il les traite comme des mineurs et des incapables et se substitue à leurs droits et à leur autorité. C'est le communisme, s'appliquant aux personnes et aux intelligences.

Or, la famille peut-elle laisser prescrire ses droits ?

Evidemment non, à moins qu'elle ne consente à rompre les liens les plus sacrés.

Le banc de cette école primaire est les genoux de la mère, à qui Dieu a délivré le meilleur diplôme d'institutrice.

Qu'elle suive dans cette mission sublime la manière de procéder de la nature, si progressive et si admirable, parce que son auteur est la sagesse suprême !

La première nourriture du petit enfant, légère et proportionnée à sa faiblesse, est le lait, formé de tout ce qu'il y a de plus délicat et de plus pur dans l'alimentation de la mère.

Plus tard et à mesure que l'enfant se développe, sa nourriture se transforme et devient plus forte. Ainsi, dans l'ordre moral, il faut imiter cette gradation successive, pour la formation de l'esprit et du cœur. Mère, elle le devient deux fois, selon la nature et selon la grâce.

L'Eglise l'entend bien de la sorte, lorsqu'elle propose les accroissements de l'enfant Jésus, en âge, en sagesse et en grâce, en exemple à l'enfance chrétienne.

Un maître, dans cet art si difficile de l'éducation, a tracé aux mères le devoir qui leur est imposé.

« L'éducation, écrit Mgr Dupanloup, « commence avec la première caresse don-« née par la mère à l'enfant, avec la pre-« mière parole déposée avec un baiser sur « ses lèvres, avec la première pensée que « le son de sa voix, la tendresse et la lu-« mière de son regard, l'inspiration et le « souffle de son âme, viennent éveiller au « fond de son intelligence. » Auparavant, Joseph de Maistre avait dit :

« Si la mère surtout s'est fait un devoir « d'imprimer profondément sur le front de « son enfant le sceau divin, on peut être à « peu près sûr que la main du vice ne l'ef-« facera jamais. »

La mère n'y faillira pas et, dès le plus bas âge, soufflera au cœur de son enfant l'amour du bon Dieu et la crainte de l'offenser. La mère, telle que la religion l'a faite, est le rempart de la société. Ils veulent le renverser pour être maîtres dans la place. C'est pourquoi ils ont imaginé de donner aux frères et aux sœurs les mêmes professeurs et les mêmes livres. La femme, qui sortira des lycées de filles, deviendra la mère découronnée qu'ils rêvent.

Et cependant, où pourrait-on trouver plus de grâce, plus de poésie, plus d'espérance que dans l'éducation, douce et forte, amoureuse et chrétienne de la famille ? Je n'ai jamais contemplé sans émotion 'le spectacle ravissant du petit enfant, qui sourit aux anges, et dont les lèvres bégaient le nom de Jésus, son frère. Il souriait au ciel, ce cher petit enfant de deux ans à peine, qui tombait à genoux et croisait ses mains, à l'imitation de son père et de sa mère.

A côté de ce tableau, voyez l'ombre repoussante. Un journal de Paris citait, il y a quelque temps, cet exemple épouvantable.

Il s'était rencontré, dans cette ville, une femme, — je n'ose pas dire une mère, — qui excitait son enfant à blasphémer. Il avait sans doute reçu, au lieu du baptême, le signe de Satan. Louveteau, aujourd'hui, pour employer le langage de la franc-maçonnerie, que deviendra-t-il demain entre les mains de cette faiseuse de démon ? Qu'il est bon de reposer ses regards, attristés par de semblables horreurs, sur les familles chrétiennes, où nos mères apparaissent avec l'auréole de toutes les vertus ! On les voit, dans le château et sous le chaume, apprenant à leurs enfants les naïves prières de la première enfance, et plus tard, les formules sacrées, révélées par le ciel. Elles insinuent doucement dans ces âmes, qui s'ouvrent, la notion du bien et du mal, Dieu y domine comme le principe et la règle de toutes les actions.

Mais si je parle de la mère, comme première éducatrice, je n'entends pas effacer le rôle du père. Celui-ci a, tout au contraire, une place marquée, prépondérante, pour couvrir de son autorité et de ses exemples les enseignements maternels.

Sans doute, l'action de la mère est plus directe et plus constante, en raison des soins particuliers qu'elle donne. Le père, en sa qualité de chef de famille, absorbé par les préoccupations de la vie, distrait par ses travaux, n'a ni le loisir ni le savoir-faire pour prendre ce souci. La Providence, qui fait bien toutes choses, a mis à ses côtés une femme, dont elle a formé le cœur de toutes les tendresses et de tous les dévouements. Lorsqu'il apparaît au milieu de ses enfants, c'est pour échanger avec eux de charmantes caresses et parfois faire intervenir sa haute autorité.

Plus tard, lorsqu'ils seront en âge de s'orienter dans la vie, sa direction sera plus active et plus nécessaire. Mais plus tard, comme maintenant, il ne doit pas oublier que l'enfant est imitateur et s'applique à copier ses modèles. Cela sera particulièrement exact pour ses fils, qui échapperont trop tôt à la pieuse et douce influence de la mère. S'ils observent une contradiction entre les enseignements de leur mère et la manière de penser et de faire de leur père, ils prendront leurs conclusions et laisseront de côté tout ce qui impose une contrainte à leur nature. Cette évolution leur paraîtra logique. Ce que leur père ne juge pas nécessaire pour lui ne saurait l'être davantage pour eux-mêmes. Ils croiront faire acte d'homme en s'affranchissant des pratiques de la première enfance. La mère, dont la voix ne sera plus écoutée, pleurera l'écroulement de son œuvre et de toutes ses espérances.

Pères de famille, vous en porterez la responsabilité devant Dieu et vous en subirez dans l'avenir les malheureuses conséquences. L'autorité divine et l'autorité paternelle, qui procèdent de la même source, se tiennent si bien qu'on ne peut détruire l'une et conserver l'autre. Si votre autorité est battue en brèche, vous vous en prendrez à vous-mêmes. Qui sème la révolte, recueille la tempête !

Non, non, l'heure n'est pas à la mollesse, l'heure est solennelle entre toutes. Arrière, la tribu des bras croisés, qui assiste sans s'animer à la désorganisation sociale. Il faut aujourd'hui de l'action et payer de sa personne pour défendre les derniers retranchements de la famille et de la société.

III

L'AUTRE ÉCOLE

L'enfant a six ans : c'est l'âge scolaire.
« L'instruction primaire, dit la loi du 28
« mars, est obligatoire pour les enfants des
« deux sexes âgés de six ans révolus à
« treize ans révolus. »

Obligatoire, vous entendez. S'il s'agissait
d'une obligation morale, d'une légitime et
puissante exhortation aux parents pour
qu'ils aient à pourvoir leurs enfants d'une
instruction nécessaire, je n'y trouverais
pas à redire.

L'obscurantisme, quoi qu'ils disent, n'a
jamais été recommandé dans l'Eglise et
dans la vieille France. Bien au contraire.
Pour s'en convaincre, il suffit de consulter
les statistiques, qui ont été dressées, et de
recourir aux anciens registres où les signa-

tures ne s'y trouvent pas moins nombreuses avant la révolution.

Celle-ci, mégère repoussante, pensa quelque beau jour que les savants étaient de trop dans un état égalitaire. Lavoisier passa sous le niveau.

Obligatoire. Voici l'explication que M. de Belcastel en donnait récemment dans un magnifique discours. « C'est en fait, la faculté pour les favorisés de la fortune de choisir le maître et l'école, et, pour l'immense majorité du peuple la contrainte absolue à l'école laique, ou, si. vous l'aimez mieux, la grande liberté de choisir la prison. »

Sous certaine couleur de liberté, c'est donc l'oppression du grand nombre. Or, le rallier par force à leur système, lui imposer l'instruction qu'ils veulent, tel est leur programme.

Obligatoire, dans un sens absolu. Un engrenage légal prend l'enfant à six ans, le retient jusqu'à la treizième année révolue, le reprend à vingt ans et le rejette après la quarantaine. Cela fait rêver à la machine qui saisit le lapin vivant et le fait sortir moitié matelotte, moitié chapeau.

Vous insistez. Ne suis-je pas maître de mes enfants par le droit sacré de la nature? Tout cela est du bon vieux temps, quelque chose à mettre au musée des antiques.

Mais, enfin, j'ai plusieurs enfants, qui peuvent me rendre service. Mon garçon a ses onze ans; — il sait lire, écrire, compter, beaucoup moins qu'un savant, assez pour se tirer d'embarras. Qu'ai-je besoin d'un lettré, qui rougira de la profession de son père et me plantera là pour courir une place où il mourra de faim.

Je ne suis pas riche et ne pourrais suffire aux gages d'un domestique.

Obligatoire, vous dis-je!

Alors on me paiera pour nourrir les enfants qui ont un rude appétit.

Non, c'est vous qui paierez pour les groupes scolaires qu'on construit ici et là.

Vous êtes récalcitrants, on vous fera faire connaissance avec l'affichage, l'amende, la prison.

Lisez plutôt : Lorsqu'un enfant manque momentanément l'école, les parents ou les personnes responsables doivent faire connaître au directeur ou à la directrice les motifs de son absence. Suivent les sanctions.

Si c'était une pure question de politesse, passe encore. Mais si cela arrive quatre fois dans le mois, vous recevrez avis de la commission scolaire d'avoir à vous présenter devant elle et à justifier les absences de vos enfants. Il vous faudra confesser les motifs, parfois humiliants, qui les ont retenus à la maison.

Sans doute, la commission scolaire, ou ne verra pas, ou sera de bonne composition, dans la plupart des cas. Quoi qu'il en soit, elle peut urger ses droits, des dénonciations peuvent enflammer son zèle, et il demeure possible à quelque maire, tyranneau de village, de terroriser ses adversaires.

Oui, obligatoire.

L'école est le palais de la société moderne, le temple de la science. Soyez fiers, chers ruraux! Avec des programmes trop nourris, on donnera à vos enfants une instruction indigeste, toute en superficie.

A son frontispice on pourrait graver ces mots magiques : Obligatoire, gratuit et laïque, comme sur les autres monuments : Liberté, égalité, fraternité. Autant de mots menteurs, autant d'étiquettes comme on en met sur des flacons pour faire passer la fraude.

Gratuit. Ce qui vous agrée le plus, l'hameçon où vous mordez si bien. On dirait qu'une fée d'un coup de sa baguette fait éclore les écoles, met à découvert quelque mine d'or, sans qu'il en coûte aux contribuables. La fée, c'est l'argent de la France et cet argent sort de vos poches.

Pauvres, qui êtes le grand nombre, v us payez pour les riches, et, après le temps d'école passé pour vos enfants, vous payez encore, vous payez toujours. Autrefois cela durait seulement quelques années, et il arrivait souvent que la liste des indigents, pour qui l'instruction était gratuite, s'allongeait complaisamment. Aujourd'hui il faudra tous les ans passer à la caisse pour y solder des impôts qui s'augmentent sans cesse.

Cela me rappelle une caricature de 1830. On y représentait les budgets des recettes et des dépenses sous la forme d'animaux fantastiques. Le premier était maigre à faire peur, l'autre gros à crever. A vrai dire, de nos jours, les recettes grossissent avec les contributions directes et indirectes,

mais les dépenses grossissent bien davantage.

Poursuivons. Cette école obligatoire, gratuite, est aussi et surtout laïque. C'est là
que se trouve le venin. *In cauda venenum.*

L'enseignement laïque, qu'est-ce à dire ?

Et, d'abord, ce n'est pas la qualité de
laïque, qui en soi effraie et repousse, c'est
le sens et le caractère qn'on lui prête.

Laïque signifiait qui n'est point clerc, et,
certes, il se trouvait et il se trouve des maîtres laïques, dignes de respect. Ce n'est
plus cela. Laïque veut dire opposé aux congréganistes et implique tout au moins l'idée
d'une séparation d'avec la religion et ceux
qui la représentent.

Les avocats de la laïcité disent sans doute,
avec un air qui rappelle à s'y méprendre le
chat enfariné de Lafontaine : Nous n'enten-
dons pas blesser les consciences, contredire
à la foi des familles ; ce que nous voulons,
c'est la neutralité. La religion, qui échappe
à nos formules, ne nous regarde pas, nous
ne nous en occupons pas. C'est l'affaire
des parents et du prêtre. Et riant sous cape
des dupes qu'ils font, ils se divertissent entre eux des bons billets qu'ils donnent !

On arbore donc au-dessus du palais scolaire l'étendard de la neutralité avec ces mots : Ni pour, ni contre.

La vérité serait, si on consulte les programmes, les manuels et les livres adoptés: Tout contre ! oui.

Ce bloc enfariné ne me dit rien qui vaille !

Quelques prudents ont voulu y mettre une sourdine.

« Il ne faudrait pas, lisons-nous dans le *Temps* du 25 mars 1883, que le maître d'école, sous prétexte de morale et de civisme, se prît pour un missionnaire d'une théorie philosophique ou d'un parti politique quelconque. Il ne faut pas qu'il se croie appelé à combattre le curé. Ainsi entendue et pratiquée, la loi ne tarderait pas à amener dans les communes un état de tension et de lutte intestine qui lui serait mortel. »

Dieu vous écoute, sages conseillers !

Les habiles sont relégués à l'arrière plan, comme des chevaux de renfort qu'on met à la réforme.

La neutralité court son grand train, démasquant de plus en plus ses batteries.

Laïciser la France, c'est la déchristianiser:
le mot d'ordre des loges !

L'opportunisme y apporte toutefois des
formes. « Les écoles publiques, dit la loi,
« vaqueront un jour par semaine, en outre
« du dimanche, afin de permettre aux pa-
« rents de faire donner, s'ils le désirent, à
« leurs enfants, l'instruction religieuse, en
« dehors des édifices scolaires. »

Oh ! bloc enfariné ! Remarquez l'habileté
et la perfidie de ces ravisseurs des âmes.
On consent à laisser aux parents, imbus
encore de préjugés d'un autre âge, la liberté de ces deux jours pour l'enseignement
religieux. Demain, il sera considéré comme
attentatoire à la raison et supprimé. C'est
un acheminement.

Dans tous les cas, cet enseignement ne
peut être donné dans les édifices scolaires.
C'est le rendre onéreux, difficile, sinon impossible. Les livres officiels et souvent la
parole du maître essaieront entre temps de
le rendre odieux.

Oui, dans l'école imaginée par les aven-
turiers qu'un hasard de révolution nous a
donnés et que la Providence nous impose
comme le pire châtiment, il faut se rési-

gner à n'entendre jamais parler de Dieu, proscrit par Jules Ferry et Paul Bert.

Et quelle base mettra-t on à la morale? Quelque chose de vague et sans consistance, qu'on appellera le civisme. Il en sortira la morale civique, indépendante, facile et élastique, qui permet aux passions de rompre tous les freins, à la force de primer le droit, à tous les désordres de s'affirmer au grand jour.

Pauvre enfant, il sera bien fortifié dans la morale quand il sera persuadé qu'il est un singe en progrès, sans une âme spirituelle et responsable, sans autre terme que la terre et ses jouissances. Libre de Dieu qui n'existe pas pour lui, il s'affranchira dans la famille et dans la société de tout ce qui le gêne. et bornera ses efforts plus tard s'il est habile et ganté, à éviter le gendarme et la police correctionnelle.

Jeune homme, déjà blasé, victime de toutes les passions, qui auront défloré les nobles sentiments de son âme, fatigué de la vie qui ne l'amuse plus parce que les plaisirs reviennent avec une monotonie désespérante, il en viendra à désirer la mort. Le suicide d'adolescents à l'âge où l'on commence à vivre n'est-il pas l'effrayant symptôme d'une décomposition morale à son dernier période?

S'il devient homme et riche, il se renfermera dans un égoïsme superbe et fera consister la vie à jouir. Romain de la décadence, il passera du forum à l'amphithéâtre, au spectacle et dans d'autres lieux plus mal famés encore.

Pauvre, il rongera son frein et nourrira contre les jouisseurs, qui le toisent et l'oppriment, une haine implacable. Que voulez-vous? On lui a enlevé la foi, il lui reste la terre. Lorsqu'il a faim et qu'il voit le luxe, je conçois qu'une fièvre de colère s'empare de lui et le pousse à tous les excès.

La neutralité, l'acceptez-vous donc?

Qui, parmi les plus indifférents, souscrirait aisément à la suppression de l'instruction religieuse? Des impies du dernier siècle enseignaient le catéchisme à leurs enfants.

Ce qui est certain, c'est que vous souhaitez qu'on l'apprenne à vos enfants. Le temps vous manque, le zèle parfois fait défaut et aussi la compétence. Vous vous remettez de ce soin sur les maîtres auxquels vous les confiez.

Mais cela leur est interdit dans les édifices scolaires.

Quelle en sera la conséquence? Elle est prévue par ces fauteurs de la loi. Je l'ai dit plus haut : ce sera de rendre l'enseignement de la religion onéreux, difficile, souvent impossible.

Je m'explique. Etonné d'abord que le catéchisme et l'histoire sainte soient bannis de l'école, l'enfant doutera bientôt de leur importance. L'étude lui en deviendra à charge, d'autant qu'elle lui prendra sur ses congés ou ses heures de récréation. Sa bonne volonté sera-t-elle victorieuse? Il y a bien des chances contraires.

J'admets qu'il s'y livre sous la contrainte de ses parents, mais ce sera sans goût, avec mauvaise humeur, et par conséquent sans profit.

Or, sans instruction religieuse, dit saint Marc Girardin, il n'y a pas un bon système d'éducation. Pas d'éducation possible sans idées religieuses, ajoute un autre académicien, Legouvé. Pour moi, je ne crains pas de le dire, si j'étais absolument forcé de choisir pour un enfant entre savoir prier et savoir lire, je dirais : Qu'il sache prier, car prier, c'est lire au plus beau de tous les livres, au front de Celui d'où émane toute lumière, toute justice et toute bonté.

Il faut donc conclure que la neutralité est en elle-même un crime de lèse-enfance, car il n'est pas permis de mettre Dieu en dehors de l'éducation. La neutralité, là où tout doit être vivant, c'est la mort.

Ah ! les bons apôtres, qui se refusent souvent à subir le joug qu'ils imposent. J'en connais et des plus foncés, bruyants approbateurs de la loi, qui placent leurs enfants chez des congréganistes.

Mais que faire, direz-vous, dans cette extrémité ?

Ce que vous faites, lorsqu'il s'agit de défendre vos intérêts matériels. Vous y mettez de l'entrain, de la suite, une énergie invincible.

C'est la loi, ajoutez-vous, mot magique qui, en France, pays réputé pour son esprit d'indépendance, fait courber tous les fronts. Assurément la loi, prise en elle-même, a droit au respect et à l'obéissance. Il faut, pour cela, qu'elle soit conforme à la vérité et à la justice. Aucune loi, qui n'aurait pas ce caractère, ne peut s'imposer. Aucune loi ne saurait prescrire contre Dieu.

Sachez bien qu'ils battent en retraite devant des parents déterminés.

Nous ne sommes point des héros. C'est vrai, et, c'est pourquoi vous perdez pied à pied un terrain solide où vous auriez pu et dû garder vos positions. Leur force est faite de votre faiblesse, et vous en conviendrez sous les ruines des grandes choses qui honoraient la France.

Mais encore que faire ?

Là où une école libre existe, laïque et congréganiste, il n'y a pas d'hésitation possible : envoyez-y vos enfants.

Ne vous laissez pas prendre à cet appeau grossier d'un enseignement meilleur, plus scientifique. Ils vous diront : les enfants apprennent mieux ici que là. Allez au fait, rendez-vous compte, comme je l'ai fait moi-même, et vous verrez qu'ils en imposent.

S'il n'y a point d'école libre, rassemblez vos ressources, faites les plus grands sacrifices pour cette œuvre. Ils ont le sou des écoles laïques, ayez le denier des écoles libres.

Cependant, il est des milieux où la bonne volonté ne peut suppléer aux ressources qui manquent. C'est l'école forcée, l'officine de venin obligatoire.

D'une part, vous voulez pour vos enfants une instruction suffisante, et de l'autre, la loi vous y contraint.

Il vous sera, d'abord, possible de réclamer avec insistance l'enseignement du catéchisme et de l'histoire sainte dans les écoles, à coup de votes dans les élections, soit communales, soit législatives, et à coup de pétitions nettement accentuées. Cela a réussi dans les centres où la foi est vivace, où l'on aimerait mieux tout subir plutôt que l'impiété. Avant d'être une question politique, c'est une question de liberté et de religion.

Un résultat sera certainement obtenu ; rendre l'instituteur plus circonspect dans le choix des livres et dans les commentaires qu'il en donne. Il ira souvent plus loin, jusqu'à l'obliger moralement à conserver l'habitude de la prière. Je me persuade ai-

sément que beaucoup de nos maîtres seraient heureux de cette contrainte.

Qui ne sait l'influence des livres, des
devoirs où l'on glisse des erreurs histori-
ques ou religieuses, des explications qui
font si bien pénétrer dans l'âme des enfants
ce que l'on veut y mettre ?

Surveillez tout cela, et, si vous vous
apercevez que les manuels, condamnés par
l'Eglise, soient mis entre les mains de vos
enfants, protestez avec énergie. La neutralité de la loi a été violée, vous êtes dans le
droit de légitime défense.

Toute hésitation doit cesser devant le
péril de l'âme, écrivait l'archevêque de
Cambrai, sous peine de péché mortel, de
damnation éternelle, les parents sont obli-
gés de défendre la foi de leurs enfants.

Où sont donc ces parents pour dire avec
Blanche de Castille : Mon fils, je vous aime
bien, mais je préférerais vous voir mourir,
plutôt que commettre un péché mortel !

Où sera la compensation ? Ils seront mer-
veilleusement instruits du jeu de notre
constitution et de tous les rouages admi-
nistratifs, dressés au maniement des armes
dans les bataillons scolaires et vous feront

remonter l'histoire de France à 89. Leurs jeunes cerveaux, où l'on aura mis tant de choses disparates, ressembleront à je ne sais quelle chaudière où des éléments divers seraient en ébullition et d'où sortirait un mélange sans nom.

En revanche, ils perdront la foi, les bonnes mœurs et rempliront à votre égard leurs devoirs... sur l'air de la Marseillaise.

C'est que l'enfant sans Dieu deviendra un mauvais fils, un mauvais père, un mauvais citoyen, un mauvais époux, le premier des impies, le dernier des français.

A la vérité, il se rencontre dans le vieux pays des croisés une résistance sur laquelle les promoteurs de la loi n'osaient pas compter et avec laquelle tôt ou tard il faudra compter. Ce qui s'est fait en Belgique pourrait bien avoir une édition en France.

Non, non, tout n'est pas rose, comme on dit vulgairement, dans le rôle des instituteurs, qui oublient le mot de Talleyrand : Et surtout pas de zèle !

J'en ai pour garant le complot suivant, ourdi dans une classe de petites filles et que rapportait un journal.

La maîtresse voulait braver l'opinion

publique qui lui était défavorable. Elle crut, après maintes sévérités, avoir bridé son jeune troupeau. Il lui faut un triomphe. Le maire est appelé pour en jouir. La roche tarpéienne est si proche du Capitole !

Les enfants, sérieuses et attentives, paraissent écrire la dictée où la religion est insultée. L'institutrice rayonnait. Elle recueille les cahiers et les présente au magistrat municipal. Il lit, essuie ses verres de lunettes pour mieux lire, et n'en croit pas ses yeux... O Marianne, voile ton regard !... Il lit le Credo écrit tout au long :

Une vraie page à mettre aux actes des martyrs !

Voilà une manière topique de clouer sur place un monsieur ou une madame qui se permet d'insulter à la foi des familles.

Donc, de la résolution et du courage, comme il en faut dans les temps troublés.

Pendant la guerre de la Vendée, un paysan breton se laissa brûler la main plutôt que de consentir à brûler son catéchisme. Sa femme lui criait : Tiens bon ! c'est pour le bon Dieu, il t'en récompensera !

IV

A L'ÉGLISE

Une femme chrétienne écrivait récem-—
ment : « Pourquoi les églises catholiques
« sont-elles plus fréquentées par les femmes
« que par les hommes ? C'est le secret de
« notre expérience ? N'avons-nous pas plus
« à souffrir que les hommes de ceux qui
« ignorent Dieu, méconnaissent ou oublient
« leurs devoirs ? »

Ces paroles sont d'une profonde vérité,
car les hommes, qui appartiennent à la ca-
tégorie des indifférents, très faciles pour
eux-mêmes et fort exigeants pour les autres, blessent souvent les délicatesses les
plus intimes. Les pauvres femmes ont
grand besoin de consolations et de forces :
elles les trouvent à l'Eglise.

L'Eglise rappelle les plus délicieux souvenirs, le jour si pur de la première communion où Dieu descend dans les âmes pour les féconder, comme il descend, en cette saison où s'accomplit ce mystère, dans le sein de la terre pour lui faire porter ses fleurs et ses richesses. Elle rappelle aussi des tristesses et des larmes, mêlées à des espérances.

Il en est un trop grand nombre, oublieux du chemin qui y mène, qui se laissent aller aux habitudes désordonnées et au respect humain.

Dans les villes, ils s'appellent légion et dans les campagnes les rangs des déserteurs vont toujours s'augmentant.

Faut-il les grossir encore et laisser l'enfance s'égarer loin de Dieu dans les chemins de l'indifférence et de l'impiété ?

Autrefois, c'était hier, les enfants étaient régulièrement conduits à l'Eglise et surveillés attentivement par leurs maîtres.

Cette pieuse coutume de nos pères, ce respect de l'enfance, ont été trouvés surannés et attentatoires à la liberté de conscience. Désormais ira qui voudra sans craindre aucune surveillance : C'est une vraie débandade.

Je veux bien reconnaître qu'en apparence du moins la loi n'oblige pas les instituteurs à cet effacement devant le devoir. Il en est qui admettent très justement qu'ils sont libres de veiller à l'Eglise au maintien de l'ordre.

D'autres ont rompu avec les usages chrétiens et affectent de ne point paraître dans le lieu saint. Quelques-uns, toujours honnêtes, mais peureux, ne s'affranchissant pas de ce devoir pour eux-mêmes, mais craignent de risquer leur situation en s'occupant de surveiller.

Or, dans cet état de choses, qu'arrive-t-il?

L'enfant, léger et insouciant, en prend à son aise où il ne sent pas le frein. Le mauvais temps l'arrête, un rayon de soleil l'engage à la promenade. Qu'importe! Il n'encourra aucun châtiment.

Il ne prend donc pas l'habitude de se rendre à l'Eglise, où il continuerait volontiers ses jeux, où il n'a plus le sentiment du respect, où il s'ennuie. Il ne comprend rien aux cérémonies qui s'y font; — il semble qu'il n'ait plus la foi.

Il y faudrait porter remède : Ses intérêts et les vôtres l'exigent.

Ce n'est pas à l'Église qu'il apprendra les mauvais propos de la révolte contre l'autorité paternelle. Que de fois on entend dire : Mes enfants me manquent de respect, ils ne sont plus ce qu'ils étaient autrefois ! Les vieillards qui aiment à louer le temps passé, se récrient fort justement et rappellent, témoins d'un âge qui s'en va, comment ils furent élevés. Aussi quelle génération nous prépare-t-on ?

Parents, qui avez le sentiment de ces choses, envoyez-les donc à l'Église. C'est à vous, d'abord. que ce devoir incombe, à vous de le remplir exactement dans ce temps où les secours vous manquent.

On ne dira pas, j'espère, que les enfants s'y refusent. Ces citoyens de l'avenir n'ont pas encore atteint l'âge de disposer d'eux-mêmes. Plus tard et mieux informés, dans la maturité, ils vous sauront gré d'avoir dirigé leurs pas dans la voie de la vertu. Il en est assez qui maudissent leurs parents d'une éducation amollie, indifférente, irréligieuse.

Qu'ai-je dit, les enfants s'y refusent ? N'est-il pas démontré que leur âme, naturellement chrétienne, tournée d'instinct vers

Dieu, les y porte? Ce n'est qu'après avoir été déflorée par le péché, qu'elle résiste et s'éloigne. Conservez-leur la fraîcheur de l'innocen e, l'amour du bon Dieu, vous verrez comme ils aimeront l'Eglise.

C'est pourquoi, conduisez-les vous-mêmes, remplissez avec eux ce devoir de la prière. Quel beau et fortifiant spectacle de voir toute une famille au pied des autels! J'en connais plus d'une, et les fils, fidèles au bon exemple, n'y ont jamais failli au milieu des fièvres de l'adolescence.

J'ai parlé de l'Église et des offices, oublierai-je le catéchisme qui s'y fait? L'Èglise est l'école de la science divine.

Le cri de guerre de l'impiété, répété par mille échos, a retenti : Plus de catéchisme, plus d'histoire sainte! C'est enlever au monde la plus belle de ses pages, c'est mutiler l'histoire.

L'Église a relevé le gant. Les clameurs insensées ne sauraient entraver son action. Immortelle, elle passe sans redouter ces comba's. On a dit: plus de catéchisme! Elle en multipliera les leçons, depuis le mot à mot et les explications élémentaires jusqu'aux plus sublimes conférences.

Les prêtres ont entendu son appel. Ils déploient un zèle infatigable et n'épargnent pas les heures qu'ils consacrent à vos enfants. Ce n'est pas au moment où l'ennemi est entré en campagne avec des forces formidables qu'ils garderont le silence et le repos. Ils sont prêts à cette lutte pacifique, prêts jusqu'à la mort, pour conserver la vérité dans ces jeunes intelligences et la vertu dans des cœurs si fortement sollicités en sens contraire.

Mais il faut votre concours. Ce qu'ils désirent, c'est que vous pénétriez vos enfants de l'importance de ces petits livres, qu'on cherche à décrier. Vous devez leur montrer qu'ils renferment l'enseignement le plus élevé. Qu'ils fassent cas de leurs livres classiques, c'est fort bien, mais qu'ils mettent à la place d'honneur la science première et principale !

Il s'en suivra tout naturellement que vous leur ferez prélever, sur les heures du travail, ce que j'appellerai le tribut de Dieu, pour donner chaque jour quelques instants à cette étude sacrée. Où aboutiraient autrement les efforts du prêtre, s'il était obligé dans le temps qu'on lui mesure, d'appren-

dre et la lettre et les explications du catéchisme?

J'ajoute qu'en leur faisant comprendre
l'importance et la nécessité de cet enseignement, vous le leur ferez aimer, parce
qu'ils saisiront mieux et trouveront sous
l'écorce du fruit une saveur divine. Il faut,
en effet, pour cette science de la religion, et
l'esprit qui observe, et la mémoire qui retient et le cœur qui goûte. Le catéchisme,
pour les enfants bien élevés, est une véri-
table fête, et, ils s'en trouve qui le pré-
fère aux parties de plaisir qu'on leur propose.

C'est très bien, me direz-vous, mais tous
les parents ne peuvent pas ainsi préparer
leurs enfants. Je crois qu'ils le peuvent
dans une certaine mesure, car, s'ils le veulent, il ne saurait leur échapper que leur
enfant apprend ou n'apprend pas son catéchisme.

Il faudra pour suppléer au maitre, à qui
il est interdit de parler religion, et aux parents, absorbés par mille travaux, une phalange de catéchistes volontaires. Ce qui se
fait dans les pays infidèles, peut s'établir
en France où l'infidélité entend régner. Les

évêques recommandent chaleureusement cette œuvre excellente qui prépare celle du prêtre.

Les rangs se confondent dans le dévouement. De grandes dames s'y emploient avec une noble ardeur et groupent autour d'elles tout un essaim d'enfants. Que de loisirs bien remplis, que de semences fécondes jetées dans ces âmes ! Des saintes femmes, dans toutes les conditions, se font les institutrices de la religion au milieu des hameaux.

Allons, pères et mères, plus de somnolence dans l'accomplissement du devoir, l'heure est grave ! Tenez bon, c'est pour Dieu, il vous en récompensera !

V

L'AVENIR

Quel sera cet enfant ? C'est la question qu'on se pose, dont on voudrait apercevoir la solution en soulevant un coin du voile de l'avenir. Il est heureux d'habitude qu'il se dérobe à nos regards.

Votre enfant a grandi. Il a, je le suppose, obtenu les premières places sur les bancs de l'école, et, aux distributions de prix les plus flatteuses récompenses. Le certificat est venu ensuite couronner ses efforts. Pères et mères, vous triomphez et vous vous dites : Quel sera cet enfant ?

Il doit être comme vous, mes chers amis, attaché aux mêmes travaux. C'est là qu'il trouvera santé et force, indépendance et moralité : toutes choses bonnes à considérer.

Quel rêve détestable de le vouloir dans une autre position où, selon nous, il aura plus d'air et moins de peine ! Que de désenchantements ont été la suite de ces rêves poursuivis et réalisés !

L'émigration des campagnes dans les villes n'amène presque jamais d'heureux résultats. Pour un seul que la fortune favorise combien en est-il qu'elle laisse en chemin ?

Malgré les succès de l'école, il faut bien vous le dire tout bas à l'oreille : Ce ne sont pas nécessairement des aigles destinés à planer au-dessus de la foule, la foule toujours grossie de lauréats en quête d'une position sociale.

Ils restent dans cette foule des déclassés, des ambitieux qui se croient incompris et n'arrivent jamais. Les traitements, qui les ont séduits, ne sont pas l'équivalent des profits recueillis dans la profession de leurs pères. Des besoins nouveaux et factices se sont fait jour, le luxe, qui les entoure, exerce sur eux de néfastes attractions, et parfois des habitudes mauvaises complètent leur ruine. Tout ce qui reluit n'est pas or.

Dans ce tourbillon, où va le modeste héritage? En perdant tout, les parents perdent encore la considération de leurs enfants, que trop souvent font rougir le costume modeste et le parler du village.

La société ne gagne pas non plus à cette invasion de demi-savants, qui pensent tout savoir, à rebours des vrais savants. Ceux qui ont quelque teinture de science, disait un célèbre penseur, Pascal *(Livre XX, les Pensées),* font les entendus, troublent le monde et jugent de tout plus mal que tous les autres.

Je ne veux pas toutefois faire de l'exclusivisme absolu. La Providence allume où elle veut le génie, et sait le faire briller quand il faut. Si le grand nombre doit continuer la profession de la famille, quelques-uns sont appelés ailleurs par des dispositions spéciales.

Mais, de grâce, que tous vos enfants ne soient pas: les filles institutrices et les garçons instituteurs! Cette maladie du diplôme, à l'état d'épidémie, aurait les plus fâcheuses conséquences. Malgré la bonne volonté, il viendra un moment où on ne saura qu'en faire.

Il arrive parfois qu'on réclame vos fils pour le sacerdoce, tribut divin prélevé sur les familles. C'est dans vos rangs que se recrute le gros de l'armée sainte. Ce privilège, j'allais dire ce monopole, vous fait honneur.

Le comprenez-vous toujours dans ce siècle de positivisme où tout se pèse au poids des intérêts et des écus ?

Le sacerdoce ne peut offrir aujourd'hui, en dehors de l'abnégation personnelle et du dévouement aux autres, aucune compensation de la terre. Il donne aussi, je me trompais, l'estime des honnêtes gens.

Que de prétextes vous trouvez pour vous refuser à cet honneur ?

Les bras manquent à l'agriculture. C'est vrai, mais à qui la faute ? Sera-ce parce que vous donnerez un petit nombre d'élus au sanctuaire qu'elle pourra en souffrir ? Evidemment non.

Or, c'est jouer gros jeu que d'aller contre les desseins de la Providence qui n'a pas, sans motifs, distribué les aptitudes et les tendances. N'y aurait-il pas dans l'ordre moral quelques lois analogues à celles qui régissent l'ordre physique ? Manquer à sa vocation, n'est-ce pas s'égarer sans but et risquer même la petite somme de bonheur qui se rencontre dans l'accomplissement du devoir ?

Ces considérations si sérieuses ne sont point faites, ou, si elles se présentent, on passe outre. Je ne veux pas, dites-vous, que mon fils soit prêtre, il sera instituteur.

Le vent souffle à la maison d'école, les instituteurs l'ont en poupe.

Noble carrière sans doute pour qui sent en soi l'abnégation et le dévouement ! Elle compte des âmes généreuses, à la hauteur de leur mission. Honneur à ces maîtres qui ont à la fois et le mérite, et le savoir, et l'intelligence !

Mais cette génération tend bien à disparaître, et celle qui lui succède travaille à perdre cette auréole. A vrai dire, leur formation n'avait pas le même caractère et le même but. On voulait en faire des instituteurs et non des politiciens, des hommes d'une vertu éprouvée, capables de guider l'enfance, d'une science suffisante pour l'instruire. La foi n'était pas biffée de leur programme, et un Paul Bert quelconque n'avait pas rêvé d'en faire des apôtres d'impiété, les lieutenants des préfets et les antagonistes des curés.

Que les temps sont changés! Aujourd'hui l'enseignement de la religion est banni des écoles normales et remplacé par des manuels frelatés, où une science de mauvais aloi, faite de sophismes, est donnée comme le dernier mot.

La raison de cet ostracisme est que l'école normale suit les évolutions de la loi scolaire. On l'explique et on l'excuse assez singulièrement. Il serait superflu, dit-on, à des jeunes gens qui ont dû le recevoir déjà pour se préparer à la première communion. Ceci est plaisant, si l'on considère le léger bagage de l'enfant et combien sa mémoire se rouille vite! C'est plus triste quand on songe que le jeune homme en a plus besoin encore que l'enfant, à cause des difficultés morales qui accompagnent l'adolescence.

Dans le même naufrage, viennent sombrer inévitablement les pratiques chrétiennes.

Ce n'est pas officiellement dans le programme. L'étiquette de la liberté de conscience est conservée, et, si les parents, qui s'en soucient souvent comme d'une guigne, en ont cure, si le jeune homme le désire, il peut aller aux offices, voire même se confesser et communier. Je me rappelle ces jours meilleurs où l'école tout entière se réunissait le dimanche à l'église, mêlant ses voix exercées et mâles aux beaux chants de la liturgie.

Vous croyez peut-être que tous les intérêts sont sauvegardés par cette liberté laissée à la conscience de chacun. Vous allez vous rendre compte du contraire.

Il y avait autrefois un aumônier spécial, comme le curé de cette petite paroisse, si intéressante par les œuvres qu'elle doit produire, l'homme et le père de ces enfants. Il a été supprimé comme un rouage inutile. On avait le prêtre sous la main, à soi, à chaque heure, il faut aller le chercher ailleurs. Un jeune homme indécis, qui l'aurait trouvé là, n'ira pas au dehors.

D'autre part, je n'imagine pas aisément un jeune homme de 15 ans et plus, avec les divers entraînements, armé de pied en cape, pour résister longtemps à la contagion de l'exemple, aux sarcasmes des condisciples et des maîtres.

Il passera bientôt sous les fourches caudines du respect humain et fera comme les autres.

C'est ainsi qu'on verra dans l'école normale d'une ville du centre, dont la population n'est cependant pas impie, tous les élèves faire défaut à la table des Pâques. Tels sont les éducateurs, qu'on prépare à l'enfance, pour la façonner sans Dieu. Ils iront par le pays, dévastant la foi, semblables à ces nuées d'insectes qui portent la désolation dans des champs pleins d'espérance !

Pauvres jeunes gens, je les plains plus encore que je ne les blâme, car ils sont puissamment entraînés par la crainte de compromettre leur situation et par la perspective des faveurs de l'administration.

Que deviendront-ils et que peuvent-ils faire, privés de ce don de Dieu, qui inspire, entretient et développe l'esprit de dévouement, dans cette tâche ardue, semée de labeurs et de sacrifices ? Remplaceront-ils jamais nos instituteurs d'autrefois, si vénérables, qu'on traite aujourd'hui, passez-moi l'expression, de vieilles machines !

Ah ! qui les empêche d'élargir les programmes, de leur faire entrevoir les progrès et les découvertes de la science. mais pourquoi leur ravir la foi ?

Ceux-là mêmes, qui n'ont pas été formés selon les nouvelles formules, se sentent ébranlés. Quelques-uns, bons et chrétiens, l'espace d'un matin changent soudain au souffle radical des communes où ils sont placés.

Ils brûlent ce qu'ils ont adoré et dégoisent à leur aise contre la religion et les prêtres. Est-ce. une conviction nouvelle, éclose dans une nuit ? C'est tout simplement l'instinct féroce de la conservation.

Vous voyez, mes chers ruraux, qui rêvez pour vos fils et aussi pour vos filles les honneurs de l'enseignement public, le triste état des choses. N'est-il pas vrai que la charrue ou l'outil de l'ouvrier sont encore préférables entre leurs mains ?

Si toutefois la vocation leur en tient absolument. si cette modeste ambition les dévore, faites-les préparer en dehors. des écoles officielles, pour qu'ils deviennent, non pas les serfs de l'Etat, taillables et corvéables à merci, mais des instituteurs libres. qui gardent la liberté du bien.

Pesez le pour et le contre, et voyez, en conscience, si les avantages pécuniers, les gros sous de l'Etat qui vont d'ailleurs de venir plus rares, peuvent compenser, pour des âmes chrétiennes, tout ce que vos enfants perdraient à une éducation meurtrière de la foi et des principes !

Nancy, imp. Saint-Epvre. — Frignel et Guyot.

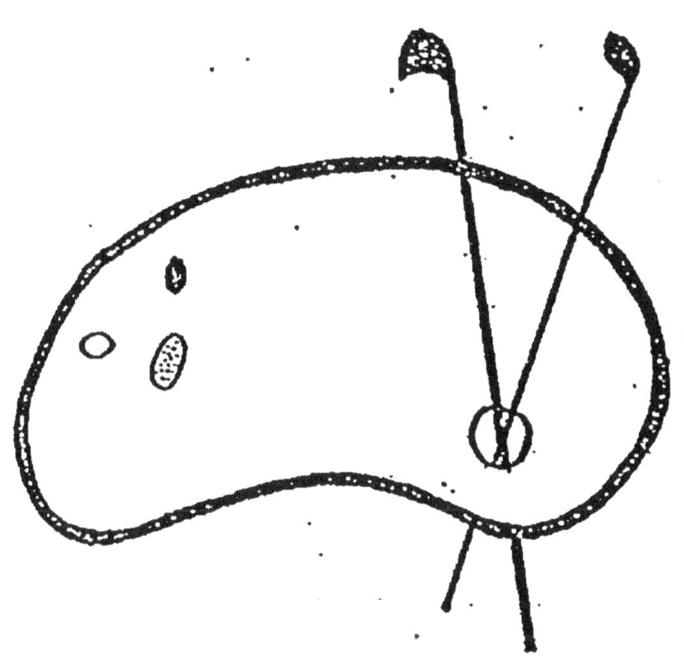

ORIGINAL EN COULEUR

NF Z 43-120-8